AF227359

DISCOURS

PRONONCÉ AUX FUNÉRAILLES DE M. CHARLES DELEZENNE,

Membre de la Société des Sciences de Lille et Correspondant
de l'Institut,

LE 22 AOUT 1866,

PAR

M. J. GIRARDIN, PRÉSIDENT.

———

Messieurs,

Celui dont nous accompagnons ici les restes
mortels disait naguère, en parlant de ses
œuvres et de leur valeur scientifique :

« Hélas! Qu'est-ce que le travail? Qu'est-ce
que la renommée? Qu'est-ce que la gloire?...
Tout cela, en fin de compte, s'enfouit dans
cet abîme où vont toutes les choses de ce
monde, au tombeau! »

Et nous voici tous, ses amis, ses concitoyens, ses élèves, réunis dans une commune

douleur, au bord de cet abîme qu'il entrevoyait depuis longtemps avec le calme stoïque du sage... De cet homme, qui sera l'une des plus légitimes illustrations de la ville de Lille, de Charles Delezenne, il n'y a plus maintenant sous nos yeux qu'un funèbre débris que la terre va bientôt recouvrir.

Delezenne!... Ce nom porté pendant l'espace de près d'un siècle par un homme de cœur et de haute intelligence, est, pour les générations qui l'ont connu, plein de précieux souvenirs. Il rappelle aussitôt la science profonde et désintéressée, le labeur incessant et fécond, la plus rare modestie alliée aux dons les plus riches, aux qualités les plus fortes d'un esprit pénétrant et ingénieux. Il rappelle encore, non seulement une absence complète de rivalité ou de regrets, mais, bien plus, une joie sincère devant les succès des autres, une obligeance cordiale à faciliter les efforts de ses jeunes émules, et, par dessus tout, une indépendance de caractère qui ne s'est jamais démentie.

Tel nous apparaît Delezenne au moment où nous lui adressons nos suprêmes adieux.

Certes, Messieurs, la plus longue existence n'a de prix qu'autant qu'elle a été utilement remplie. En face de la tombe, ce n'est pas le nombre des années, dont elle marque la fin, qu'il est intéressant de compter, mais bien plutôt les œuvres qui ont rendu ces années profitables. La vie est dans les mains de Dieu; l'homme dispose de ses actes et de sa liberté.

Vous savez si notre vénéré confrère a eu sa bonne mesure; vous savez aussi qu'il n'a pas gaspillé le temps que la Providence lui a si généreusement départi, qu'il s'en est montré, au contraire, par un travail assidu, sans trêve ni merci, un fidèle économe.

Charles Delezenne est né à Lille, le 4 octobre 1776, dans les rangs de la petite bourgeoisie (1); il arrivait donc à l'adolescence au commencement de la première Révolution. Comme toute la jeunesse de cette mémorable époque, il se passionna pour elle, au moins dans ce qu'elle avait de grand, de juste, d'humain; mais ses ardeurs patriotiques n'allèrent pas jusqu'à interrompre ses études qu'il avait ébauchées au collége communal. Un goût prononcé le poussait vers les sciences mathématiques et physiques ; il fut son propre maître , et il employa si bien son temps que , lorsqu'au début du siècle , Bonaparte , Ier Consul , sentit le besoin de réorganiser l'instruction publique , Delezenne , alors à Paris , se mit sur les rangs pour une chaire d'enseignement.

Le célèbre Lacroix jugea du premier coup , dans un seul entretien , l'aptitude remarquable du jeune candidat , qui fut immédiatement nommé professeur dans l'établissement des deux sexes que Mme Campan venait , sous le patronage de Bonaparte , de fonder à St-Germain-en-Laye.

Il eût pu se servir , comme plusieurs autres , des relations princières que ses fonctions lui avaient ménagées , car il fut , dans le pensionnat des garçons tenu par M. Mestro , sous la haute direction de Mme Campan , appelé à donner des leçons aux membres de la famille des Beauharnais et des Napoléon ; il fut le professeur habituel de Jérôme , le futur roi de Westphalie. Mais Delezenne avait une fierté qui l'éloignait des grands , et quiconque l'a un peu fréquenté , sait combien il était impropre au rôle de courtisan. En vain Jérôme , reconnaissant, lui offrit plus tard un emploi supérieur dans ses États ; il refusa de s'attacher à l'éblouissante fortune de ses élèves ; il demeura pauvre, mais libre.

Nous le retrouvons, vers 1803, maître de mathématiques dans un des Lycées de Paris ; deux ans après, il était de retour dans sa ville natale, qu'il ne devait plus quitter.

A la suite d'un terrible accident qui écrasa, sous les décombres d'une maison en construction, rue Basse, le docteur Bécu et le professeur Testelin, Delezenne, sollicité par M. Scalbert, secrétaire de la Mairie, accepta la chaire de mathématiques de Testelin à l'école secondaire communale, qui fut depuis le Collége, et jusqu'en 1836 il appartint au corps universitaire (2). Parmi ceux qui m'écoutent, il y a, sans doute, plus d'un de ses élèves ; ils sont là pour attester l'excellence de sa méthode, la clarté de son enseignement, l'autorité ferme et bienveillante de sa direction (3).

En 1817, il se chargea, sans renoncer, toutefois, à ses fonctions au Collége, d'ouvrir un cours public de physique sous le patronage de la ville (4), et, jusqu'en 1848, il continua à dispenser à un auditoire , toujours nombreux et sympathique , le trésor de connaissances qu'il grossissait constamment par de nouvelles recherches. L'affaiblissement de sa vue , que des travaux soutenus sur l'Optique avaient fatiguée, l'obligea seul à renoncer à un enseignement qu'il avait rendu célèbre (5).Vous l'avez entendu, Messieurs ; vous l'avez apprécié. Dans cette carrière prolongée d'un professorat public où la jeunesse studieuse de Lille , presque tout entière , a puisé les éléments des sciences , il a eu d'innombrables disciples et , ce qui fait son plus grand éloge , ils sont restés ses amis.

Un autre service fut encore rendu par Delezenne à cette jeunesse qu'il aimait. Sur ses pressantes sollicitations , une chaire de chimie appliquée aux arts , fut érigée , en 1823, à côté de la sienne , et ce fut lui qui alla chercher dans les laboratoires de l'illustre Vauquelin , le jeune chimiste (M. Kuhlmann) qui devait, lui aussi , concourir d'une manière si large à la réputation de l'enseignement municipal de Lille.

Mais c'est surtout au milieu de vous , Messieurs et Confrères, dans la Société des Sciences, de l'Agriculture et des Arts , que nous nous plaisons à nous le représenter. Il portait à notre Compagnie une affection paternelle ; c'était pour lui une fille bien aimée. Il lui appartenait depuis 1806, aussi nous l'y considérions comme la tradition vivante. Avec quel soin jaloux et vigilant, il en conservait les règles et les usages ! A ses yeux, c'était un dépôt sacré dont il était responsable ; mais, hâtons-nous de le dire, cet empire qu'il exerçait parmi nous, il y avait droit, car nul n'a plus contribué à la gloire de la Société des Sciences de Lille ; il n'y a pas un seul de nos volumes qui ne renferme au moins un mémoire de notre vénérable Doyen. Etonnante fécondité que l'âge n'a pu diminuer, ni tarir !

Ce n'est pas ici le lieu de vous présenter l'énumération, encore moins l'analyse des soixante notices ou mémoires qui ont placé son nom à côté de ceux des Biot, des Gay-Lussac, des Savart, des Malus, des OErsted, des Ampère, des Arago, des Faraday, et qui, en 1855, lui ouvrirent les portes de l'Institut. Laissez-moi vous rappeler, à cette occasion, que le jour (4 juin 1855) où l'Académie des Sciences procéda au remplacement de feu de Haldat, dans la section de physique, Delezenne réunit au premier tour de scrutin 43 suffrages sur 47 votants. Une élection effectuée dans de telles conditions, dut faire oublier au nouveau membre correspondant le trop long retard apporté à sa nomination.

Il y avait bien longtemps, en effet, que Delezenne avait mérité la reconnaissance du monde savant par d'importantes publications sur la météorologie, l'aréométrie, l'acoustique musicale, l'optique, l'électricité, l'électro-magnétisme, c'est-à-dire sur les parties les plus ardues de la physique. On lui devait divers instruments aussi ingénieux que précis, tel qu'un baromètre à syphon d'une exquise sensibilité (6), un appareil pour déterminer la quantité d'eau qui s'évapore annuellement à la surface du sol, des aréomètres permettant d'apprécier de très-petites différences de densité, des piles sèches si heureusement construites qu'elles marchent encore après cinquante ans (7), un *cerceau électrique* pour constater la production des courants d'induction par l'action magnétique de la terre, un *polariscope* très-simple, désigné depuis, dans les cabinets et les ouvrages de physique, sous le nom d'*analyseur-Delezenne*, un *stéphanoscope* pour voir les couronnes autour du soleil lorsqu'il est couvert d'un léger voile de vapeur, etc. — Il avait démontré l'élévation croissante du diapason des orchestres depuis un siècle et, par conséquent, la nécessité d'adopter un diapason normal, ce qui n'a été réalisé qu'en 1860 (8). Il avait découvert la production de sons continus dans un aimant soumis périodiquement à l'action d'un électro-aimant. Il avait constaté des signes de polarisation dans l'air atmosphérique pendant la nuit, sous l'influence de la lumière lunaire, etc. (9).

L'attrait que ressentait notre éminent confrère pour les recherches et les spéculations de la science pure ne le détourna jamais des applications qu'on pouvait en faire à l'industrie, au commerce, à l'économie domestique ; il aurait cru manquer à ses devoirs de savant et de citoyen s'il n'eût contribué de tout son pouvoir à éclairer la pratique des arts et à améliorer les conditions matérielles et morales des travailleurs. De là ses écrits, ses instructions sur le système métrique, sur la construction des cadrans solaires, sur l'utilité des paratonnerres, sur l'usage de la balance dans les opérations commerciales, sur l'emploi du cercle répétiteur, sur des tables barométriques servant à ramener à une température donnée, les hauteurs du baromètre observées à une température quelconque, sur des tables donnant les proportions d'eau et d'alcool, d'eau et d'acide sulfurique correspondant à un mélange d'une densité connue, sur la culture de la pomme de terre (10), sur l'établissement de cours de dessin linéaire, de géométrie et de mécanique appliquées aux arts, etc. De là encore sa présence au sein du Conseil central d'hygiène et de salubrité, auquel il prêta un concours assidu, à partir de 1828, époque de la création de ce Conseil.

Dans ses travaux originaux, comme dans ceux qu'il a entrepris pour vérifier des résultats déjà connus, on reconnaît l'homme sévère pour lui-même, ne se contentant pas d'à peu près ; on voit un observateur minutieusement attentif à toutes les circonstances du phénomène qu'il étudie ; on admire en même temps une sagacité et une habileté peu communes pour faire beaucoup avec peu de choses.

Il y a quelques années, un physicien des États-Unis écrivait à Delezenne pour savoir le nom du fabricant qui avait construit ses ingénieux appareils : « Je n'ai pas de fabricant attitré, lui répondit le savant lillois; le constructeur, c'est moi, et les éléments que j'ai employés sont des petits morceaux de bois ou de carton, des bouchons, des épingles, etc.; faites comme moi, et vous réussirez. »

Bel exemple pour ceux qui s'arrêtent parcequ'ils n'ont pas à leur disposition un cabinet de physique complet ; il est vrai que ce qui leur manque surtout, c'est l'ingéniosité, la dextérité manuelle, l'ardeur scientifique que possédait à un si haut degré notre illustre confrère (11) !

La gloire qu'il répandait sur nous tous, de la Société des Sciences, par ses brillants travaux que, par une partialité touchante, il réservait exclusivement à nos *Annales*, nous la lui remboursions par notre respectueuse affection. Deux circonstances solennelles nous furent offertes pour lui témoigner notre profonde estime et notre reconnaissance.

Le 12 septembre 1856, ce respectable vieillard avait atteint la cinquantième année de son

entrée dans la Société. Ce jour-là, la Compagnie
tout entière alla lui présenter ses félicitations.
On lira avec attendrissement, dans le volume
des Mémoires de cette année 1856, les paroles
pleines de déférence, de respectueuse sympathie
et de sentiment qui lui furent adressées par le
Président en exercice, l'honorable M. Chon.

Le 22 novembre 1861, la Société, provo-
quée par le Ministre de l'Instruction publique,
à désigner celui de ses Membres auquel pourrait être décernée la médaille d'or, votée par la
section des sciences du Comité des Sociétés savantes de France, proposa, à l'unanimité, sans
discussion, Charles Delezenne. Cet hommage
spontané toucha profondément celui qui en
était l'objet, et ne causa pas moins d'émotion à
chacun des Membres présents à cette mémorable
séance. C'était la première fois que le Comité,
siégeant à la Sorbonne, sous la présidence
du Ministre, était appelé à honorer les savants
de la Province. On ne pouvait commencer par
un meilleur choix. Delezenne était, alors,
depuis la mort du célèbre Biot, le Doyen des
professeurs de physique de France, et probablement de l'Europe.

Sa réputation avait atteint les bornes du
monde savant sans que l'une des plus hautes
récompenses que la France réserve au mérite
lui eût encore été décernée. J'ignore s'il l'at-
tendait ; mais, à coup sûr, il eût mieux aimé
ne jamais la recevoir que de la devoir à une
sollicitation personnelle. Un jour enfin justice
lui fut rendue. M. Dumas était Ministre de
l'Agriculture, du Commerce et des Travaux
publics ; cet éminent chimiste, juge si compé-
tent du talent des autres, se trouvant à Lille
en mai 1850, fit convoquer la Société des
Sciences pour remettre à Delezenne, devant
l'élite de la population, cette croix de la Lé-
gion-d'Honneur qu'on s'étonnait de ne pas
voir sur sa poitrine.

On n'a pas oublié l'espèce de stupéfaction
naïve du nouveau chevalier ; lui seul, parmi
nous, paraissait croire que cette distinction
arrivait trop tôt. L'applaudissement fut général, et pourtant Delezenne éprouvait de la tris-
tesse. Ici, Messieurs, se place naturellement
un trait d'exquise délicatesse qui suffirait à
peindre une belle âme. — Macquart, dont le
souvenir se réveille dès qu'on parle de Dele-

zenne, le vénérable Macquart, le compagnon de sa vie scientifique depuis 1806, l'auteur de tant de travaux remarquables sur l'Entomologie, n'était pas alors décoré. Delezenne, qui donnait à son savant confrère amitié pour amitié, estime pour estime, ressentait je ne sais quel scrupule d'un honneur qu'ils ne partageaient pas. Voilà que le lendemain, il court chez Macquart, et de l'air d'un coupable, il s'excuse, il demande en quelque sorte pardon d'avoir été choisi avant lui. Admirable spontanéité! Délicieuse abnégation de soi-même! Et qu'il est doux, à notre époque tant soit peu égoïste, de pouvoir citer de tels exemples près d'une tombe entr'ouverte!

La bonté du cœur de notre vieil ami, qui éclatait même au milieu de la supériorité de son esprit, ne se révélait jamais mieux à nous que dans l'intérieur de nos séances auxquelles il se faisait un religieux point d'honneur de ne pas manquer. Quelle bienveillante attention il prêtait aux communications de ses confrères! Quels encouragements il donnait à leurs œuvres! Ennemi acharné du charlatanisme et de la réclame, sous quelque forme qu'ils se présentassent, excessif dans sa modestie comme dans son honnêteté scientifique, il était d'une sévérité parfois bizarre pour ces innocents compliments qui sont passés dans les habitudes des Académies. Une grande courtoisie corrigeait d'ailleurs ces boutades puritaines, et l'on pardonnait aisément à un homme chez qui le principal défaut était de regimber contre toute louange dont il était l'objet. Rigide observateur des convenances académiques, il ne souffrait pas qu'on introduisît dans nos paisibles réunions les irritantes polémiques du dehors.

« Combattons-nous dans les rues, disait-il, si nous avons des opinions différentes à défendre, mais ici soyons toujours des confrères et serrons-nous la main. »

Une bonhomie charmante, qui n'était pas, toutefois, sans un grain de finesse et de malice, lui gagnait les cœurs; si une subite brusquerie démontait parfois l'interlocuteur importun, celui-ci était bientôt réconcilié par le serviable intérêt que Delezenne montrait pour tout effort laborieux, pour toute recherche utile.

Cependant les années devenaient de plus en plus pesantes, et les forces trahissaient le zèle.

Delezenne, qu'une soif inextinguible de science tourmentait, se traînait à la Faculté dont il avait salué l'arrivée avec bonheur ; il montait bien péniblement le long escalier de l'amphi-théâtre, et lui, qui avait tant appris aux autres, lui qui savait tant, il se faisait écolier pour contenter ce noble besoin de son esprit ; c'était la dernière jouissance d'une vie si sérieusement occupée. Ah ! C'était aussi un grand honneur pour le professeur qui le distinguait dans son auditoire ; après une leçon réussie, on était orgueilleux du suffrage d'un juge aussi sobre de flatterie.

Enfin, il ne lui fut plus permis ni d'assister aux cours de la Faculté, ni aux séances de la Société ; l'intelligence était vigoureuse toujours, mais le corps s'affaiblissait. Nous avions entendu comme le chant du cygne, alors qu'il nous avait communiqué, à l'âge de 87 ans, cette aimable et solide causerie sur le vol des pigeons voya-geurs (12) ; il y avait là, au milieu d'ingénieuses observations, ces spirituelles échappées, ces juvéniles images qui, sous la plume d'un vieillard, ont un charme indicible.

Il fallait se résigner néanmoins ; nous pouvions malheureusement prévoir qu'un soir viendrait où son siége resterait vide ; il allait disparaître de nos rangs comme le bon, le docte Le Glay, qui déjà, depuis longtemps, manquait à ses côtés. En effet, notre Delezenne ne revint plus ; cloué dans sa chambre par la vieillesse plutôt que par la maladie, il était encore présent aux séances par la pensée ; il aimait à s'en entretenir avec ses visiteurs ; il vivait encore avec nous en dépit de l'éloignement.

Deux ans à peine se sont écoulés depuis cette séparation forcée ! A partir de ce moment, il a vu d'un œil tranquille se rapprocher peu à peu l'heure du repos éternel ; sans infirmités apparentes, il s'y acheminait doucement et avec une courageuse patience. Il parlait volontiers de sa chère Société ; sa conversation était toujours nourrie des choses qui avaient rempli sa vie. Comme il mettait une espèce de coquetterie respectable à ce que son intelligence ne déclinât pas ainsi que ses forces, il lisait de la main plus que des yeux, ou bien il se faisait lire les nouveautés scientifiques, les comptes-rendus de l'Institut. Il demandait pourtant, mais en vain, à l'élément dont il avait surpris et étudié les secrets, à l'électricité, de soutenir ses organes défaillants ; ceux-ci lui refusèrent leur office. Les paroles ne sortaient plus qu'avec une extrême difficulté d'une bouche autrefois si facile, qu'on voyait encore que l'esprit n'avait rien perdu de cette limpidité, de cette lucidité surprenante, de cette rectitude qui ne l'ont jamais abandonné. Son caractère prenait en même temps une teinte plus affectueuse et ses pensées devenaient plus graves.

Enfin, ce Dieu, dont il savait, dans les entretiens intimes et à la suite de ses dissertations astronomiques, exalter en termes éloquents la grandeur et la toute puissance, Dieu l'appela vers lui..... Il s'endormit dans la paix (13).....!

Ah ! puisse-tu, cher et vénérable confrère, noble ami, puisse-tu jouir là-haut des biens promis aux cœurs droits et sincères ! Tu laisses à tes concitoyens une mémoire qui ne périra pas. La Cité, dont tu fus une des gloires, la perpétuera sans doute par quelque marque éclatante, et ton nom, comme ceux des Macquart, des Lestiboudois, des Le Glay, sera donné à l'une des voies de Lille agrandie. Tel est le vœu que nous formons ici avant que la tombe se ferme sur tes dépouilles ; le reste appartient maintenant au souverain Seigneur des âmes !

Adieu donc, Delezenne, adieu ! Si tous les amis qui sont demeurés en arrière sur la route que tu avais commencée avec eux , assistaient à ce deuil public , la Cité des morts serait trop étroite pour les contenir ; mais on ne pouvait te connaître sans t'aimer, et ils sont nombreux encore ceux qui se pressent à tes funérailles ; ils disent par leur empressement , par leur affliction quelle perte ils ont faite ; ils pleurent à la fois un ami et une illustration lilloise.

Nous ne sommes pas de ceux qui n'ont pas d'espérance et nous nous consolons, du moins, en pensant qu'il est un lieu de béatitude où se retrouvent tôt ou tard les hommes de bonne volonté ! Dieu veuille y réserver, près de toi, la place de tes affectionnés confrères !

Delezenne , au revoir !

NOTES.

(1) Ses parents demeuraient rue du Bois-St.-Étienne ; ils vendaient de la mercerie dans un des petits magasins situés dans l'intérieur de la Bourse.

(2) Voici les faits universitaires qui marquent la carrière de Delezenne :

1803, Maître de mathématiques de la 1re division au Lycée de Paris.

1805, Professeur des 3e et 4e classes de mathématiques à l'École secondaire communale de Lille.

11 juin 1813, Bachelier ès-sciences.

10 février 1831, nomination définitive à la chaire du collége de Lille.

17 février 1831, Officier d'Académie.

26 mai 1831, Membre du Comité d'instruction primaire à Lille.

29 novembre 1836, admis à faire valoir ses droits à la retraite.

(3) Au nombre des jeunes gens dont il fut chargé de diriger l'instruction scientifique, on peut citer le général Lawœstine, gouverneur des invalides, M. Félicien de Saulcy, membre de l'Institut et Sénateur ; le général Faidherbe, ancien gouverneur du Sénégal ; M. de Baillet, gouverneur de la Flandre occidentale à Bruges ; Dumon, président du Sénat de Belgique ; Paul Danel, président de Chambre à la Cour impériale de Douai ; Thémistocle Lestiboudois, conseiller d'État, corres-

pondant de l'Institut ; Heegmann , mathématicien , ancien membre résidant de la Société ; Barbier de la Serre , ingénieur en chef des Ponts-et-Chaussées ; Pierre Legrand, ancien député ; Delerue, ingénieur en chef des Ponts-et-Chaussées , etc.

(4) L'autorisation ministérielle pour l'ouverture du cours public de physique de la ville est du 17 novembre 1817.

(5) Il fut d'abord suppléé dans sa chaire par un de ses élèves, l'honorable M. Corenwinder , puis définitivement remplacé par notre autre confrère M. Lamy, alors professeur au Lycée. Le cours municipal de physique cessa, de même que celui de chimie , en 1854, époque à laquelle fut créée la Faculté des Sciences.

(6) Ce baromètre , à large tube, renferme jusqu'à 5 kilogr. de mercure ; c'est , sans contredit , le seul instrument de ce genre qui ait été établi sur d'aussi grandes dimensions. Une particularité curieuse s'y rattache : Vauquelin, qui avait pour le physicien de Lille un profond attachement, prit la peine de purifier lui-même le mercure qui devait servir à la construction de son bel appareil , dont la description est insérée dans le rapport de la Commission de météorologie publié en 1842. Là figure aussi une détermination exacte de l'altitude de Lille.

(7) Ce sont probablement les seules qui aient conservé aussi longtemps leur activité. En 1843 , Delezenne a construit des piles de 2,000 à 4,000 éléments à large surface, qui dévient l'aiguille aimantée et décomposent l'eau , fait déjà constaté en 1830 par M. Peltier. Dès 1819 , il avait reconnu que l'eau joue un

grand rôle dans les phénomènes que présentent les piles sèches ; ce point est à noter, car, en 1819, l'origine chimique de l'électricité de la pile n'était pas connue et on attribuait tout au contact.

(8) Des huit mémoires consacrés à l'acoustique musicale, les uns sont purement théoriques, les autres s'appuient surtout sur l'expérience.

Dans ces derniers, Delezenne montre bien les habitudes de précision qu'il portait dans toutes ses recherches. Pour apprécier les sons, pour les comparer, pour arriver à se former une conviction entière sur les points qu'il étudie, l'habile physicien s'entoure des plus grandes précautions. — Il fait appel à des musiciens exercés ; il les interroge ; il cherche à mettre leur oreille en défaut ; il les trompe à dessein sur les notes qu'il leur fait entendre pour découvrir s'ils saisiront l'erreur ; il se met en garde contre l'influence de leur éducation musicale.

La lecture de ces mémoires est très-intéressante par le détail de tous les essais tentés de manières si différentes. On voit bien apparaitre là la sincérité scientifique de notre vénérable confrère. On sent qu'on a affaire à un homme qui ne veut pas se tromper ni tromper les autres ; on ne sent pas moins qu'on est devant un esprit droit, éclairé, sachant raisonner juste, lorsqu'on le suit dans ses considérations théoriques sur la constitution de la gamme — sur la formation des dièzes et des bémols. Il ne marche qu'après avoir bien défini ce qu'il cherche, aussi il s'avance à pas assurés et les contradictions des musiciens ne l'arrêtent pas. Il faut voir dans une lettre adressée à M. Fétis quel avantage cette marche logique lui donne sur l'é-

rudit musicien qui procède par instinct et qui se borne
à affirmer sans soutenir son dire par des preuves bien
choisies.

(9) Malus avait découvert la polarisation de la lumière,
alors qu'il était commandant du génie à Lille, et nos
Annales ont l'insigne honneur d'avoir publié la première ébauche de son immortel ouvrage. Ce fut l'un des
fondateurs de notre Société. Delezenne l'avait connu en
1806. Plus tard, les découvertes d'Arago, de Biot, de
Brewster étendirent beaucoup le champ de la polarisation. Notre confrère entra à son tour dans cette voie
et ce ne fut pas en vain.

Les phénomènes les plus simples étaient déjà con-
nues ; on savait comment se comporte la lumière polarisée lorsqu'elle traverse un cristal transparent. Delezenne se demande ce qui arrivera si l'on place sur le
trajet de la lumière deux cristaux ou deux portions
d'un même cristal ; il soumet alors à une analyse
savante et minutieuse les phénomènes compliquées que
l'on observe dans cette circonstance. Il en déduit une
règle pour déterminer la position des axes du cristal,
pour reconnaître son signe. Il poursuit le problème dans
tous les cas, même les plus difficiles, et le résoud com-
plètement.

Il se sert de la lumière polarisée pour reconnaître les
groupements de cristaux, l'hémitropie dans un cristal
qui semble homogène.

Enfin, il trouve deux règles nouvelles pour reconnaître si un quartz fait dévier à droite ou à gauche le
plan de polarisation des rayons incidents.

A cette analyse, beaucoup trop courte, on pourrait
ajouter, outre l'invention d'un polariscope très-simple,

de précieuses recherches sur la disposition des axes relatifs aux diverses couleurs, des procédés expéditifs ou précis pour trouver l'angle de polarisation et, par suite, l'indice de réfraction de certaines substances.

La seconde partie des travaux d'optique de Delezenne a trait au phénomène des réseaux et des couronnes. Après avoir imaginé le *stéphanoscope*, il s'en sert pour déterminer la limite de grosseur des gouttelettes d'eau qui composent les nuages, et il cherche à retrouver ces phénomènes dans les nuages artificiels qui s'échappent de nos machines à vapeur.

Enfin, il établit, dans un important mémoire, que l'on peut appliquer aux réseaux formés par un assemblage de globules, c'est-à-dire aux couronnes, les lois que l'on a trouvées pour les réseaux à fente rectiligne.

(10) C'est une étude de chimie agricole, où les auteurs, MM. Delezenne et Mallet, recherchent la quantité de potasse que peuvent fournir les fanes de la pomme de terre, afin de comparer le gain offert par cet alcali à la perte sur la quantité des tubercules et de savoir s'il convient de conseiller ce genre d'exploitation aux cultivateurs. La conclusion du travail est qu'on diminue l'abondance de la récolte en coupant les fanes vertes, et que la perte n'est jamais conpensée par le profit que procurerait la potasse extraite de leurs cendres.

(11) Dans plusieurs de ses mémoires, Delezenne s'adresse aux jeunes gens qui veulent cultiver la physique, et il leur apprend ce qu'il faut faire pour réaliser les expériences décrites dans les livres; il leur montre à quel prix on peut atteindre la précision, comment on peut construire soi-même à peu de frais des aimants, des bobines d'induction, des machines magnéto-élec-

triques, etc. : on retrouve là le physicien qui s'a-
dresse le moins possible aux marchands et aux construc-
teurs. Il n'est pas nécessaire pour faire des découvertes
d'avoir des appareils de luxe en acajou et en nacre de
perle ; avec de la patience et une certaine dextérité,
on peut se donner des instruments qui vaudront autant
que les appareils coûteux que l'on fabrique à Paris.
Delezenne le dit ; il fait mieux, il en donne le premier
l'exemple. Il ne faut pas oublier, en effet, que dans
toutes ses recherches, il a su se passer de secours
étrangers ; merveilleusement servi par son habileté
dans les arts manuels, il a pu se créer un cabinet de physique, et se servir de ce qu'il avait sous la main pour
remplacer les instruments qu'il ne pouvait acheter.
Ce n'est pas là un des côtés les moins intéressants de
l'étude que l'on pourrait entreprendre sur les travaux
de notre cher Doyen.

(12) Le mémoire sur les *Pigeons voyageurs* fut lu à
la séance extraordinaire du 29 novembre 1861, pré-
sidée par M. Milne-Edwards, vice-président de la section
des Sciences du Comité des sociétés savantes et membre
de l'Institut. Ce savant naturaliste, vivement intéressé
par cette lecture, adressa de chaudes félicitations à
l'auteur, en insistant pour la prompte publication de
son ingénieux travail.

(13) Delezenne est mort le lundi 20 août 1866, à neuf
heures du matin, sans grandes souffrances apparentes,
au milieu de sa famille et de ses amis les plus intimes.

Lille-Imp. L Danel

BIBLIOTHEQUE NATIONALE DE FRANCE
3 7502 010483735